Pe

Mach mal Pause,
bleib bei dir

Lyrik zur

Einkehr, Ruhe,

Dankbarkeit...

Impressum

Bibliografische Information der Deutschen Nationalbibliothek:
Die Deutsche Nationalbibliothek verzeichnet diese Publikation
in der Deutschen Nationalbibliografie; detaillierte
bibliografische Daten sind im Internet über http://dnb.dnb.de
abrufbar.

© 2020 Pe 03/2020; (pzeisberger)

Texte und Bilder: Pe 03/2020 (pzeisberger)

Herstellung und Verlag:
BoD – Books on Demand, Norderstedt

ISBN: 978-3-7519-0808-5

Liebe Leserin*, lieber Leser*,

Liebe Leserin*, lieber Leser*,

seit über 30 Jahren schreibe ich Gedichte, zu den allgemeinen Themen des Lebens. Sie befassen sich mit Freud und Leid, das einem im Leben begegnen kann. Sie können zuweilen helfen, mit neuem Mut die Dinge anzupacken oder die Freude des Lebens einfach zu genießen.

Dieses Büchlein kannst du immer wieder zur Hand nehmen, um dich zu entspannen und um das gerade zur Stimmung passende Gedicht zu lesen.

Ich wünsche dir viel Freude dabei.

Pe 03/20

<u>Herz und Seele</u>

Das Herz und die Seele geben dir Kraft,

damit du schaffst, was du hast geschafft.

Pflege sie jeden Tag, Tag aus, Tag ein,

dann werden Herz und Seele im Einklang sein.

Pe /98

Glaube daran

Der Herr gibt mir Worte zum Sprechen,
sie können lieben, sie können stechen.
Er lässt mein Herz verstehen
was die Augen nicht sehen.
Er lässt mein Gefühl spüren
was meine Hände nicht berühren.

Er lässt mich erfahren Glaube, Hoffnung und Liebe
wenn ich bereit bin mich zu öffnen,
                    nicht nach Vorurteilen stiebe.

Lass sie reden, schwatzen und schrei´n,
höre einfach nur in dich hinein.
Was wollen sie wissen, was können sie tun
vertraue auf ihn und du wirst ruhen.
Du strahlst sie aus die sichere Kraft
die dich von innen heraus glücklich macht.
Sie sehen dich an und werden verstehen
es ist gut was er tut, wir werden es sehen.
Pe /09

Gib uns Kraft

Gib Kraft in den Tagen der Zweifel und Klage,
gib Kraft, wenn ich die Aufgabe nicht mehr ertrage.

Gib Hoffnung, wenn wir keinen Ausweg sehen,
lass uns nicht einfach wortlos stehen.

Gib Mut wenn wir nur noch Dunkelheit fühlen,
wenn sich die Gedanken im Kopf herum wühlen.

Gib einen kleinen Sonnenstrahl,
der schmilzt hinweg jede Furcht und Qual.

Lass uns bei dir geborgen sein
bitte leuchte in unsere Seele hinein.

Pe /09

Herz

Das Herz schenkt mir Worte zum Sprechen,

sie können lieben, sie können stechen

Es lässt mich zuweilen verstehen

was die Augen nicht sehen,

Es lässt mich Gefühle spüren

ohne zu berühren.

Es lässt mich erfahren Glaube, Hoffnung und Liebe

wenn ich mich öffne, nicht nach Vorurteilen stiebe.

Pe /09

Loslassen

Warum hast du Angst vor dir?
Warum bist du jetzt still und leer?

Nimm dir die Zeit für dich, lasse es zu,
gönne dir die Pause und die Ruh.

Vor was läufst du davon?
Vor dem, was du erreicht hast schon?
Du warst zufrieden, glücklich und froh!
Du träumtest davon, hoffentlich bleibt es so.

Der Mensch lebt aber nicht im Paradies,
es geht ihm mal gut und auch mal mies.

Doch das Glück, das er mal erfahren hat,
findet in seinem Herzen immer wieder statt.
Er kann es herbeirufen in seiner Phantasie,
so ein wirkliches Glücksgefühl vergisst er nie.

Gottes Wege

Gott ich glaube und vertraue.
Ich weiß, dass ich auf dich baue.
Meine Zukunft liegt in deiner Hand
für mich ist sie unbekanntes Land.

Zählen meine Wünsche jetzt und hier
ist es das Ziel, das du bestimmst nur mir.
Ich weiß es heute noch nicht,
darum vertraue ich auf deine Sicht.

Du bist in meinem Herzen, mache es froh,
wie es auch ausgeht, so oder so.
Lass mich aufatmen frei und entspannt,
so dass jede Angst ist gebannt.
Ich glaube an dich, was ich auch tu
gib mir deinen Segen dazu.

Gib mir die Kraft meine Aufgabe zu sehen,

und mutig in die Zukunft zu gehen.

Auch wenn das Ziel noch unklar ist

zeige mir, dass du bei mir bist.

Dass du mich führst hin zum Ziel,

das für mich bestimmt ist, das ich letztendlich will.

Pe /98

Ruhe

In der Ruhe liegt die Kraft

die vieles errichtet und erschafft.

Die Erkenntnis liegt im Sehen

nur wer hinsieht kann verstehen.

Pe /08

Doch

Die Sonne scheint, doch sie wird nicht gesehen.
Die Worte sprechen, aber keiner kann sie verstehen.

Das Herz es hofft, ja es gibt nicht auf.
Vielleicht ändert sich noch der alte Verlauf.

Die Sonne strahlt, das Herz erwacht,
Freude und Hoffnung sind entfacht.

Voll Ruhe und Klarheit liegt es da,
das Leben braucht manchmal nur ein "ja".
Pe /19

Du

Du bist das Samenkorn, das erblüht,

du bist der Baum, der vor Leben sprüht.

Du wirst sprießen jeden Tag ein kleines Stück

und bringst deinen Eltern viel Freude und Glück.

Pe /08

Die Kerze

Die Kerze, du hältst sie bald in deiner Hand

viel Freude und Stille ist angelangt.

Sie zeigt dir den Weg in dunkler Nacht.

Sie erfüllte dich mit Freude gib auf sie acht.

Ein schönes wohliges Gefühl verteilt nur sie

macht guten Duft, verleiht Harmonie.

Sie ist viel Älter als das Licht,

ihr Schein sagt dir, fürchte dich nicht.

Sieh sie dir an und lehn dich zurück,

wenn du sie ausbläst bleibt von ihr noch ein Stück.

Ihr Duft bleibt noch länger bestehen,

wann hast du so etwas zum letzten Mal gesehen?

Pe /08

Vielen Dank, dass du dieses Buch liest,

gerne kannst du mir eine Rückmeldung geben.

Pe

(pe-lyrik@web.de)

-